# Desserts

AUTOR: MARTIN KINTRUP | FOTOS: JÖRN RYNIO

# Praxistipps



# Extra

# Rezepte

# Dessertbasics – das gehört in den Vorrat

1

2

3

Ohne **Zucker** geht in der Dessertküche gar nichts. Neben einfachem Kristallzucker sind feiner Backzucker, brauner Zucker und Puderzucker wichtige Zutaten. Da sie nahezu unbegrenzt haltbar sind, sollten stets alle vorrätig sein. Flüssige Alternativen sind Honig, Ahornsirup oder Agavendicksaft, aber auch verschiedene Fruchtdicksäfte.

**Milchprodukte** wie Milch, Sahne und Quark sind die Basis von Puddings, Cremes und Eis. Zum Aufbewahren gehören sie in den Kühlschrank und sind nur begrenzt haltbar, insbesondere wenn sie geöffnet sind. Clevere Ergänzungen sind Joghurt, Crème fraîche, Frischkäse und Mascarpone.

**Eier** machen Mousse luftig, Eis cremig und sind auch für Crêpes und Gebäck obligatorisch. Verwenden Sie stets frische Eier, wenn möglich in Bio-Qualität. Das gilt besonders bei Desserts, in denen die Eier roh bleiben. Kaufen Sie möglichst kleine Mengen, achten Sie auf das Verfallsdatum und bewahren Sie die Eier immer im Kühlschrank auf.

**Mehl, Grieß** und **Speisestärke** finden in Puddings, Mehlspeisen und Gebäck Verwendung und sind lange haltbar. Ebenfalls in den Vorrat gehören Kakaopulver, Kuvertüre, gemahlene Mandeln und Haselnüsse sowie Kokosflocken. Nugat, Krokant, Marzipan und Rosinen ergänzen den Grundvorrat (Bild 1).

Das typische **Dessertgewürz** ist die Vanille. Kaufen Sie am besten ganze Schoten. Gute Alternativen sind Bourbon-Vanillezucker mit echter Vanille und Pulver aus dem Bioladen. Auch Zimt spielt in der Dessertküche eine wichtige Rolle. Zur Herstellung wird die getrocknete Rinde des Ceylon-Zimtbaums zermahlen. Achten Sie darauf, dass nicht der billigere Cassia-Zimt verwendet wird, da dieser eventuell gesundheitsschädlich ist. Weitere Ergänzungen sind Ingwerpulver, gemahlener Kardamom und Sternanis.

**Obst** gehört zu den saisonalen Produkten und sollte möglichst frisch nach Bedarf und Jahreszeit gekauft werden. Manche Sorten, z. B. Beeren, lassen sich auch tiefgekühlt gut verwenden (Bild 2). Mit ein paar Konserven und einer Auswahl an Trockenobst sind Sie auf alle Eventualitäten eingerichtet.

**Spirituosen** wie Rum, Sherry und nach Belieben Liköre wie Amaretto oder Orangenlikör sowie verschiedene Obstbrände geben hervorragendes Aroma und sind das i-Tüpfelchen in jedem Vorratsschrank (Bild 3). Wer südländische Originale liebt, benötigt zusätzlich Marsala, Vin Santo und einen feinen Port.

# Clevere Helfer für die Dessertküche

**Mixen und zerkleinern** Zum Steifschlagen von Sahne und Eiweiß ist ein Handrührgerät unerlässlich. Nur sehr Ausdauernde greifen dafür zum Schneebesen. Gebraucht wird er trotzdem, z. B. zum Unterheben von Eischnee und Sahne unter Creme oder Teig. Früchtepürieren klappt am besten mit einem Stabmixer. Ist er stabil, kann er auch Nüsse und Mandeln zerkleinern. Sonst lieber einen Blitzhacker oder die Küchenmaschine verwenden.

**Rühren und frieren** Für Eisfans lohnt sich die Anschaffung einer Eismaschine (Bild 1). Durch permanentes Rühren sorgt sie dafür, dass sich keine großen Eiskristalle bilden und das Eis schön cremig wird. Es gibt Modelle mit und ohne Kompressor. Solche mit sind zwar etwas teurer, verfügen aber über ein eigenes Kühlaggregat und müssen nicht über 24 Stunden im Tiefkühlfach vorgekühlt werden. So wird auch die spontane Eisproduktion möglich.

**Messen und wiegen** Leckere Desserts gelingen nur, wenn man präzise arbeitet. Küchenwaage und Messbecher sind dazu unerlässlich – denn nur wenn die Mengen genau stimmen, passt auch die Konsistenz.

**Specials** Pinsel, Palette, Teigspatel und Zestenreißer (Bild 2) gehören unbedingt zur Dessertausstattung. Zum Bestäuben mit Puderzucker ist ein Einhandsieb der Klassiker. Ein Gasbrenner zaubert blitzschnell eine richtig knusprige Karamellkruste auf Crème brûlée. Spritzbeutel mit unterschiedlichen Tüllen machen Sie im Handumdrehen zum Deko-Weltmeister. Verfügen Sie obendrein über einen Schlagkessel aus Edelstahl zum Aufschlagen von warmen Eiercremes, zum Schmelzen von Kuvertüre und zum Kaltrühren von luftiger Mousse, haben Sie alles, was das Pâtissier-Herz begehrt.

**Formen** Für Cupcakes brauchen Sie Muffinförmchen oder Silikonbackformen in verschiedenen Formen und Größen (Bild 3). Es gibt mittlerweile eine große Auswahl, mit deren Hilfe Sie unterschiedlichste Dekoträume umsetzen können. Crumble, Cobbler, Tiramisu und Co. gelingen am besten in Auflaufformen oder kleinen Portionsförmchen. Soufflés und kleine Küchlein finden in ofenfesten Portionsförmchen aus Keramik oder Glas das passende Behältnis. Ein luftiges Parfait ist in einer Kastenkuchenform bestens aufgehoben. Mit ein wenig Improvisationstalent und Fantasie werden aber auch Espressotassen, Kaffeebecher und Einmachgläser zu ausgefallenen Fassungen für Ihre Dessertkreationen.

1

2

3

# So gelingen luftige Desserts

*Mit ein wenig Know-how gelingen schokoladige Desserts, luftige Cremes und sahniges Eis im Handumdrehen. Hier die wichtigsten Handgriffe.*

Zum Schmelzen von **Schokolade und Kuvertüre** benötigen Sie ein heißes Wasserbad. Dazu einen Topf bis knapp zur Hälfte mit Wasser füllen und zum Sieden bringen. Das Wasser soll nicht kochen! Geben Sie die grob gehackte Schokolade oder Kuvertüre in eine passende Schale und stellen Sie diese so in den Topf, dass sie nicht kippen kann und kein Wasser zur Schokolade gelangt. Lassen Sie die Schokolade unter Rühren schmelzen.

Auch zur Herstellung von **Eiercremes** wird ein heißes Wasserbad benötigt. Da sie wenig Hitze vertragen, werden die Cremes nicht im, sondern über dem Wasserbad in 8–10 Minuten schaumig geschlagen. Der Schüsselboden darf das siedende Wasser nicht berühren, sonst flockt die Creme aus.

**Lauwarme Cremes** werden zur Weiterverarbeitung kalt geschlagen. Dafür die Rührschüssel in eine große mit Wasser und Eiswürfeln gefüllte Schüssel hängen und 6–8 Minuten bis zum Erkalten rühren.

Kuvertüre schmelzen

Eiercreme aufschlagen

Die richtige Konsistenz bekommen viele Cremes erst durch die Verwendung von **Gelatine.** Zum Gelieren von 500 ml Flüssigkeit benötigt man 6–8 Gelatineblätter. Die Blätter werden zunächst einzeln für 5 Minuten in kaltem Wasser eingeweicht, gut ausgedrückt und in 2–3 EL mäßig heißer (Gelatine löst sich ab 40°) Flüssigkeit unter Rühren aufgelöst. Dann die flüssige Gelatine zur Creme geben, im Eisbad kalt rühren und zum Gelieren in den Kühlschrank stellen.

# Grundrezept Vanillepudding

*Vergessen Sie Pudding aus der Tüte – dieser Klassiker lässt sich ganz einfach zubereiten und verwöhnt den Gaumen mit echter Vanille.*

4 Eigelb
60 g Zucker
40 g Speisestärke
650 ml Milch
½ Vanilleschote
Salz

1 Eigelbe, Zucker, Speisestärke und 100 ml Milch glatt rühren (Bild 1). Die Vanilleschote mit einem scharfen Messer längs aufschlitzen, das Mark herausschaben. Vanillemark und -schote mit der restlichen Milch und 1 Prise Salz in einem Topf langsam zum Kochen bringen und ca. 1 Min. köcheln lassen.

2 Den Topf vom Herd nehmen. Die Vanilleschote herausnehmen. Die Eiermischung nochmals verquirlen und unter die Vanillemilch rühren (Bild 2). Den Topf wieder auf den Herd stellen und die Mischung bei schwacher Hitze ca. 3 Minuten köcheln lassen, bis sie andickt.

3 Den Pudding in vier Silikonförmchen (Bild 3) füllen. Frischhaltefolie direkt auf die Puddingoberfläche legen und den Pudding vollständig auskühlen lassen, erst dann die Folie entfernen. Nach Belieben pur oder mit Kirschgrütze, Himbeer- oder Schokoladensauce garniert servieren.

## VARIANTE – SCHOKOPUDDING

Dieser klassische Pudding kommt ganz ohne Eier aus. 100 ml Milch mit 20 g Speisestärke verquirlen. 400 ml Milch mit 35 g Zucker und 1 Tütchen Bourbon-Vanillezucker erhitzen. 100 g Zartbitterschokolade zerkleinern und in der Vanillemilch unter Rühren schmelzen lassen. Den Topf vom Herd nehmen und die Stärkemilch unterrühren. Den Topf wieder auf den Herd stellen, den Pudding aufkochen und bei schwacher Hitze unter Rühren ca. 2 Min. köcheln lassen. Vom Herd nehmen, Frischhaltefolie direkt auf die Puddingoberfläche legen und den Pudding abkühlen lassen. 100 g Sahne steif schlagen und unter den abgekühlten Pudding rühren. Den Pudding auf vier Schälchen verteilen und servieren.

# So cremig

Allein der Klang von »Panna cotta«, »Crème brûlée« und »Tiramisu« lässt die Herzen von Süßspeisenfans höher schlagen. Diese cremigen Klassiker gehören rund um den Globus zu den absoluten Lieblingen. Doch dieses Kapitel bietet noch viel mehr, nämlich zahlreiche, ebenso verführerische blitzschnelle Schichtdesserts und Cremes für alle Tage.

# Panna cotta mit Waldbeeren

**Für die Panna cotta:**
600 g Sahne
2 Tütchen Bourbon-Vanillezucker
35 g Zucker
4 Blatt weiße Gelatine
abgeriebene Schale von ½ Bio-Zitrone
**Für die Waldbeeren:**
300 g TK-Waldbeeren
40 g Zucker
1 gehäufter TL Speisestärke

Für 4 Personen
30 Min. Zubereitung | mind. 5 Std. Kühlen
Pro Portion ca. 590 kcal, 6 g EW, 48 g F, 34 g KH

**1** Für die Panna cotta Sahne, Vanillezucker und Zucker in einem Topf kochen, bis sich der Zucker gelöst hat. Vom Herd nehmen und etwas abkühlen lassen. Die Gelatine 3–5 Minuten in kaltem Wasser einweichen (Seite 6). Die Gelatine ausdrücken und in der Sahne auflösen, die Zitronenschale unterrühren. Die Sahnemischung in 4 Kaffeetassen füllen, zugedeckt mindestens 5 Stunden kühl stellen.

**2** Von den Waldbeeren die Himbeeren und Brombeeren aussortieren. Die restlichen Beeren mit Zucker, Speisestärke und 50 ml Wasser aufkochen und vom Herd nehmen. Himbeeren und Brombeeren hineingeben und alles abkühlen lassen.

**3** Die Panna-cotta-Tassen bis zum Rand in warmes Wasser tauchen und anschließend auf Dessertteller oder in Schälchen stürzen. Die Beeren ringsherum anrichten und die Panna cotta nach Belieben mit Schokoröllchen garnieren.

Lieblingsdessert | fein geschichtet

# Tiramisu classico

*Mit dem aromatischen Dreiklang aus Kaffee, Kakao und Mandellikör hat dieser cremige Desserttraum aus Venetien die Welt im Sturm erobert.*

150 ml frisch gebrühter Espresso
50 ml ital. Mandellikör (z. B. Amaretto, ersatzweise Mandelsirup)
3 Eier
250 g Mascarpone (ital. Frischkäse)
200 g Frischkäse | 50 g Zucker
2 Tütchen Bourbon-Vanillezucker
Salz
200 g Löffelbiskuits
2–3 EL Kakaopulver

Für 4–6 Personen
25 Min. Zubereitung | mind. 4 Std. Kühlen
Bei 4 Personen pro Portion ca. 740 kcal, 20 g EW, 42 g F, 67 g KH

**1** Den Espresso mit dem Mandellikör verrühren und lauwarm abkühlen lassen. Für die Creme die Eier trennen. Die Eigelbe in einer Schüssel mit Mascarpone, Frischkäse, Zucker und Vanillezucker glatt rühren. Die Eiweiße mit 1 Prise Salz zu steifem Schnee schlagen und diesen vorsichtig unter die Mascarponecreme ziehen.

**2** Die Hälfte der Löffelbiskuits in eine Auflaufform (ca. 20 x 30 cm) legen und mit der Hälfte der Espresso-Likör-Mischung tränken. Die Hälfte der Creme darauf verteilen und glatt streichen. Die restlichen Löffelbiskuits darauf verteilen. Mit der übrigen Espresso-Likör-Mischung tränken und die Creme daraufstreichen. Zugedeckt im Kühlschrank mindestens 4 Stunden durchziehen lassen.

**3** Das Tiramisu in 4 bzw. 6 Portionen teilen und auf Tellern anrichten. Vor dem Servieren jeweils mit reichlich Kakaopulver bestäuben. Dazu passt ein frisch gebrühter Espresso.

### SPIRITUOSEN-TIPP

Den Alkohol zum Tränken der Löffelbiskuits können Sie nach Belieben variieren. Dafür eignen sich beispielsweise Weinbrand, Whiskey oder Grappa. Die Mascarponecreme können Sie nach Wunsch mit etwas Eierlikör, Kokoslikör oder Irish Cream Likör aromatisieren.

### VARIANTE – WEISSES SCHOKO-TIRAMISU MIT BIRNEN

100 ml Espresso mit 2 EL Birnenschnaps verrühren und abkühlen lassen, bis er lauwarm ist. 100 g weiße Blockschokolade im Wasserbad schmelzen und mit 250 g Mascarpone, 200 g Frischkäse und 30 g Zucker glatt rühren. 3 Eier trennen, die Eigelbe unter die Creme rühren. Die Eiweiße mit 1 Prise Salz zu einem steifen Schnee schlagen und unter die Creme heben. 1 große Birne schälen, halbieren, das Kerngehäuse entfernen und die Hälften klein würfeln. Eine Pfanne erhitzen und die Birnenwürfel darin mit 1 EL Zucker, 1 EL Zitronensaft und 2 EL Birnensaft schwenken, bis die Birnenstückchen knapp gar sind. 100 g Löffelbiskuits in eine Auflaufform (ca. 20 x 30 cm) legen und mit der Espresso-Schnaps-Mischung tränken. Die Hälfte der Creme darauf verteilen und glatt streichen. Die Birnenstücke darüberschichten und die restliche Creme daraufstreichen. Zugedeckt im Kühlschrank mindestens 4 Stunden durchziehen lassen. Vor dem Servieren mit 2–3 EL Kakaopulver bestäuben.

blitzschnell | mit knusprigem Extra

# Crispy Cherry Fool

90 g Zucker | 30 g kernige Haferflocken | 30 g Cornflakes | 250 g Magerquark | 200 g Crème fraîche | 1 Tütchen Bourbon-Vanillezucker | 400 g Kirschgrütze (Fertigprodukt; aus dem Kühlregal)

Für 4 Personen | 20 Min. Zubereitung
Pro Portion ca. 485 kcal, 12 g EW, 21 g F, 61 g KH

1 Für die Knusperflocken ein Blech mit Backpapier auslegen. 50 g Zucker in einer Pfanne hellbraun karamellisieren. Haferflocken und Cornflakes dazugeben und rühren, bis sie rundherum mit Karamell überzogen sind. Auf dem Backblech verteilen und abkühlen lassen, dabei die leicht abgekühlten Häufchen etwas auseinanderpflücken.

2 Quark, Crème fraîche, restlichen Zucker und Vanillezucker glatt rühren. In vier Gläser erst die Hälfte der Quarkcreme füllen. Dann die Hälfte der Kirschgrütze und Knusperflocken darüberschichten. Noch einmal genauso schichten, sofort servieren.

raffiniert kombiniert

# Ziegenfrischkäse-Trifle

500 g Erdbeeren | 80 g Zucker | 200 g Ziegenfrischkäse | ½ TL Zimtpulver | Mark von ½ Vanilleschote | 1 EL Zitronensaft | 200 g Sahne | 120 g Amarettini

Für 4 Personen | 25 Min. Zubereitung
Pro Portion ca. 550 kcal, 13 g EW, 34 g F, 46 g KH

1 Die Erdbeeren waschen, 4 davon beiseitelegen. Übrige Erdbeeren putzen und in Scheiben schneiden. Mit 30 g Zucker bestreuen und beiseitestellen. Den Ziegenfrischkäse mit dem restlichen Zucker, Zimt, Vanillemark und dem Zitronensaft verrühren. Sahne steif schlagen und unterheben.

2 Die Amarettini grob zerkleinern und die Hälfte davon auf vier Gläser verteilen. Die Erdbeeren vorsichtig durchrühren, die Hälfte davon daraufgeben und mit der Hälfte der Creme abdecken. Noch einmal genauso schichten und das Dessert 5–10 Minuten durchziehen lassen. Übrige Erdbeeren halbieren und darauf anrichten.

ganz einfach | luftig leicht

## Blaubeer-Baiser-Becher

250 g Blaubeeren | 30 ml trockener Rotwein | 60 g Zucker | 1 TL Speisestärke | 2 EL Zitronensaft | 400 g cremiger Joghurt | 100 g Baisers bzw. Merengues

Für 4 Personen | 35 Min. Zubereitung
Pro Portion ca. 250 kcal, 4 g EW, 4 g F, 45 g KH

1 Die Blaubeeren waschen und abtropfen lassen. In einem kleinen Topf mit Rotwein, 30 g Zucker, Speisestärke und 1 EL Zitronensaft mischen und langsam erhitzen. Bei schwacher Hitze ca. 10 Minuten zu einem Kompott köcheln und anschließend beiseitestellen und abkühlen lassen.

2 Den Joghurt mit dem restlichen Zitronensaft und Zucker verrühren und auf vier Gläser verteilen. Die Baisers in einen Gefrierbeutel füllen, mit dem Nudelholz grob zerstoßen und auf den Joghurt streuen. Zuletzt die abgekühlten Blaubeeren daraufgeben. Kurz ziehen lassen und servieren.

weihnachtlich würzig

## Apfel-Mokkamisu

3 TL Instantkaffee | 150 g Magerquark | 150 g Frischkäse | 50 g Zucker | 100 g Sahne | 100 g Spekulatius (Fertigprodukt) | 300 g Apfelmus (Fertigprodukt; aus dem Glas) | je ½ TL Zimt- und Ingwerpulver | 1–2 EL Kakaopulver

Für 4 Personen | 15 Min. Zubereitung
Pro Portion ca. 380 kcal, 10 g EW, 17 g F, 46 g KH

1 Instantkaffee mit 2 EL heißem Wasser verrühren. Quark und Frischkäse mit dem Zucker verrühren. Den Kaffee unterrühren. Die Sahne steif schlagen und unterheben. Spekulatius in einen Gefrierbeutel füllen und mit dem Nudelholz fein zerstoßen. Das Apfelmus mit Zimt- und Ingwerpulver verrühren. In vier Gläser zunächst die Hälfte des Apfelmuses füllen, dann jeweils die Hälfte der Keksbrösel und der Mokkacreme darüberschichten. Noch einmal genauso verfahren, etwas durchziehen lassen und vor dem Servieren mit Kakao bestäuben.

sommerlich | für liebe Gäste

# Mascarponetörtchen mit Erdbeeren

*Zwei, die sich gefunden haben: Dass cremiger Mascarpone und fruchtige Erdbeeren ein echtes Dream-Team sind, stellen sie hier eindrucksvoll unter Beweis.*

2 Wiener Böden (Fertigprodukt)
80 g dunkle oder weiße Kuvertüre
250 g Mascarpone
50 g feinster Zucker
1 Tütchen Bourbon-Vanillezucker
200 g Sahne
3 Blatt weiße Gelatine
40 ml halbtrockener Weißwein (z. B. Riesling Spätlese, ersatzweise heller Traubensaft)
400 g Erdbeeren
**Außerdem:**
4 Dessertringe (Ø 8 cm, 5 cm hoch)

Für 4 Personen
30 Min. Zubereitung | mind. 3 Std. Kühlen
Pro Portion ca. 995 kcal, 14 g EW, 58 g F, 102 g KH

**1** Aus den Biskuitböden mit den Dessertringen 8 Kreise ausstechen. Den restlichen Biskuit anderweitig verwenden, z. B. als süße Brösel. Die Kuvertüre grob hacken und im Wasserbad (Seite 6) schmelzen. Die Biskuitkreise mithilfe eines Küchenpinsels mit der Kuvertüre bestreichen: 4 Kreise auf einer Seite, 4 Kreise beidseitig. Auf einem Kuchengitter kühl stellen, bis die Kuvertüre fest geworden ist.

**2** Den Mascarpone in einer Schüssel mit Zucker und Vanillezucker glatt rühren. Die Sahne steif schlagen und unterheben. Die Gelatine ca. 5 Minuten in kaltem Wasser einweichen. Den Wein erhitzen und die ausgedrückte Gelatine darin auflösen. Leicht abkühlen lassen und unter die Creme rühren.

**3** Je 1 einseitig bestrichenen Teigkreis mit der bestrichenen Seite nach oben in 4 Dessertringe legen und mittig etwa 3 cm hoch Creme darauf verteilen. Jeweils mit einem der übrigen Teigkreise abdecken. Die restliche Creme mittig darauf verteilen und alles mindestens 3 Stunden, besser über Nacht, in den Kühlschrank stellen.

**4** Ein Küchentuch anfeuchten und in der Mikrowelle kurz erhitzen. Um die Dessertringe legen und die Cremetörtchen vorsichtig herauslösen. Gegebenenfalls die Törtchen zusätzlich mit einem Messer aus den Ringen lösen.

**5** Die Erdbeeren vorsichtig waschen und putzen. Einige Erdbeeren in Scheiben schneiden und rundherum seitlich an die Creme drücken. Die restlichen Erdbeeren im Ganzen oder halbiert auf die Törtchen setzen. Wer mag, kann die Törtchen noch mit Schokoröllchen garnieren.

### CREMEVARIANTEN

Für die Creme eignen sich statt Mascarpone auch deutscher Frischkäse oder – etwas würziger – Ziegenfrischkäse. Statt mit Wein können Sie die Gelatine auch mit Hochprozentigem, z. B. Kokos- und Orangenlikör, Himbeergeist oder Birnenbrand anrühren. Alternativen ohne Alkohol sind Orangensaft oder Mandelsirup.

Klassiker auf neue Art

# Aprikosen-Crème-brûlée

*Eines der schönsten Desserterlebnisse überhaupt: das Knacken beim Durchstechen der Karamellkruste. Diesmal verbirgt sich darunter eine fruchtige Überraschung.*

1 Dose Aprikosen in Aprikosenmark
(420 g; Abtropfgewicht 240 g)
Fett für die Förmchen
3 Eigelb
200 g Sahne
Zitronensaft
150 ml Milch
100 g feinster Zucker
Mark von ½ Vanilleschote
**Außerdem:**
6 ofenfeste Förmchen (à 200 ml)

Für 6 Personen | 15 Min. Zubereitung
50 Min. Garen | mind. 2½ Std. Kühlen
Pro Portion ca. 255 kcal, 3 g EW, 16 g F, 26 g KH

**1** Den Backofen auf 140° vorheizen. Aprikosen abtropfen lassen und 50 ml Mark abmessen. Die Förmchen einfetten. Die abgetropften Aprikosenhälften trocken tupfen und damit den Boden der Förmchen auslegen.

**2** Eigelbe verquirlen, mit Aprikosenmark, Sahne und ein paar Spritzern Zitronensaft verrühren. Milch, 40 g Zucker und Vanillemark aufkochen und vom Herd ziehen. Die Ei-Sahne-Mischung unterrühren und alles auf die Förmchen verteilen.

**3** In die Fettpfanne des Ofens 2 cm hoch heißes Wasser gießen und die Förmchen hineinstellen. Die Sahnemischung im heißen Backofen (Mitte, Umluft 120°) 50 Minuten stocken lassen. Dann bei geöffneter Tür im ausgeschalteten Ofen abkühlen lassen. Anschließend mindestens 2 Stunden kühl stellen.

**4** Die Vanillecrèmes mit dem restlichen Zucker bestreuen. Den Zucker mit dem Gasbrenner oder unter dem heißen Backofengrill 3–5 Minuten karamellisieren. Crèmes brûlées sofort servieren.

### VARIANTE – CRÈME CARAMEL

Wer statt knuspriger Karamellkruste lieber eine flüssige Karamellhaube mag, sollte einmal diese Version probieren. Dafür aber am besten schon einen Tag vorher beginnen: Den Backofen auf 140° vorheizen. In einem Topf 50 g Zucker mit 1 EL Zitronensaft erhitzen und so lange köcheln, bis eine braune Karamellmasse entstanden ist. Diese gleichmäßig in vier ofenfeste Förmchen (à 200 ml) verteilen. Für die Crème 3 Eigelb verquirlen und mit 200 g Sahne verrühren. 200 ml Milch, 50 g Zucker und das Mark von ½ Vanilleschote aufkochen und vom Herd ziehen. Die Ei-Sahne-Mischung unterrühren und alles vorsichtig auf die Förmchen verteilen. In die Fettpfanne des Ofens 2 cm hoch heißes Wasser gießen und die Förmchen hineinstellen. Die Sahnemischung im heißen Backofen (Mitte, Umluft 120°) 1 Stunde stocken lassen. Dann bei geöffneter Tür im ausgeschalteten Ofen abkühlen lassen. Anschließend mindestens 12 Stunden kühl stellen, damit das Karamell schön flüssig wird.
Die Crème mit einem Messer vorsichtig vom Rand lösen, auf Dessertteller stürzen und servieren.

weckt Kindheitserinnerungen

# Grießpudding mit Knusperkruste

*Getunt und aufgepimpt: Eine knusprige Kruste aus karamellisierten Nüssen und Cornflakes macht den Klassiker aus Omas Küche auch heute zum Must-eat.*

20 g Cornflakes | 140 g Zucker | 10 g Butter | 30 g Haselnussplättchen | 350 ml Milch | Mark von ½ Vanilleschote | 60 g Weichweizengrieß | 1 Ei | 100 g Sahne | Salz

Für 4 Personen | 30 Min. Zubereitung
Pro Portion ca. 430 kcal, 8 g EW, 19 g F, 56 g KH

1 Für die Knusperkruste die Cornflakes zerstoßen. 100 g Zucker mit der Butter in einem Topf erhitzen und hellbraun karamellisieren. Cornflakes und Nüsse unterrühren und die Masse auf einem mit Backpapier ausgelegten Blech verstreichen.

2 Für den Pudding die Milch mit dem restlichen Zucker und dem Vanillemark erhitzen. Den Grieß in die Milch rühren und bei mittlerer Hitze unter Rühren 5 Minuten kochen. Dann vom Herd nehmen und etwas abkühlen lassen.

3 Das Ei trennen und das Eigelb mit der Sahne verrühren. Die Eigelb-Sahne-Mischung unterrühren, den Pudding noch einmal kurz aufkochen, vom Herd nehmen und abkühlen lassen.

4 Das Eiweiß mit 1 Prise Salz zu steifem Schnee schlagen und unter den Pudding heben. Die Masse in 4 Gläser füllen. Die abgekühlte Karamellmasse grob hacken und über den leicht abgekühlten Pudding streuen. Lauwarm oder kalt servieren.

### VARIANTEN

Wer mag, kann den Pudding auch mit Hartweizengrieß oder Instant-Polenta kochen. Für die Knusperkruste eignen sich auch Sonnenblumen- und Kürbiskerne oder gehackte Macadamia- bzw. Pecannüsse.

Klassiker auf Südseetrip

# Kokosmilchreis mit Passionsfruchtsauce

*Wer Milchreis bisher verschmäht hat, sollte ihm noch eine Chance geben: In Kombination mit Kokos und exotischer Frucht schmeckt er nämlich genial.*

400 ml Kokosmilch | 200 ml Milch | 40 g Zucker | 1 Tütchen Bourbon-Vanillezucker | 50 g Butter | 150 g Milchreis | 2 EL Kokosflocken | 1 kleine Dose Ananaswürfel (240 g) | 1 geh. TL Speisestärke | 200 ml Passionsfruchtsaft | 2 Passionsfrüchte | abgeriebene Schale von 1 Bio-Limette

Für 4 Personen | 40 Min. Zubereitung
Pro Portion ca. 395 kcal, 5 g EW, 13 g F, 64 g KH

1 Die Kokosmilch mit der Milch, dem Zucker und dem Vanillezucker in einem kleinen Topf erhitzen und knapp unter dem Siedepunkt halten.

2 In einem Topf 20 g Butter erhitzen (die restliche Butter bis zur Verwendung ins Tiefkühlfach legen), Reis und Kokosflocken darin kurz andünsten. Ein Drittel der Flüssigkeit dazugeben und unter Rühren etwas einkochen lassen. Nach und nach die restliche Flüssigkeit unterrühren. Den Reis ca. 25 Min. köcheln lassen, dabei immer wieder umrühren.

3 Inzwischen die Ananaswürfel abtropfen lassen und 100 ml Flüssigkeit auffangen. 3 EL Flüssigkeit mit der Speisestärke verrühren und beiseitestellen. Restliche Flüssigkeit zusammen mit dem Fruchtsaft einmal aufkochen. Die Stärkemischung dazugießen und köcheln lassen, bis die Sauce leicht bindet.

4 Die Sauce vom Herd nehmen, die restliche eiskalte Butter einrühren und die Sauce abkühlen lassen. Den fertigen Milchreis vom Herd nehmen und die Ananaswürfel unterrühren.

5 Die Passionsfrüchte halbieren, das Fruchtfleisch mit einem Löffel herausheben und in die Sauce rühren. Die Limettenschale unter den Reis rühren. Den Reis auf tiefe Teller oder Schälchen verteilen und mit der Passionsfruchtsauce servieren.

Kinderliebling | sommerlich

## Joghurteis mit Beeren

100 g Schwarze Johannisbeeren
100 g Himbeeren
1 Ei
200 g griechischer Joghurt (10 % Fett)
100 g Crème fraîche
90 g feinster Zucker

Für 4 Personen
15 Min. Zubereitung | mind. 4 Std. Kühlen
Pro Portion ca. 280 kcal, 4 g EW, 16 g F, 28 g KH

1 Die Johannisbeeren waschen und abtropfen lassen, dann von den Stielen zupfen. Mit den Himbeeren pürieren und durch ein Sieb streichen.

2 Das Ei trennen. Den Joghurt mit Crème fraîche, Eigelb, Zucker und dem Fruchtpüree glatt rühren und kühl stellen.

3 Das Eiweiß zu steifem Schnee schlagen und unter die erkaltete Mischung heben. Alles in die Eismaschine geben und darin gefrieren lassen. Alternativ die Masse in eine Metallschüssel füllen, ca. 4 Stunden zugedeckt ins Tiefkühlfach stellen und mindestens alle 30 Minuten durchrühren, damit die Eiskristalle nicht zu groß werden.

4 Vom fertigen Eis mit einem Eisportionierer oder einem Esslöffel Kugeln abstechen und in vier Becher oder Gläser setzen. Wer mag, serviert dazu noch frische Beeren.

### TIPP – JOGHURT PUR

Für pures Joghurteis die Früchte weglassen. Dafür 1 Ei, 250 g Joghurt, 200 g Crème fraîche und 100 g Zucker verwenden und wie ab Step 2 beschrieben zubereiten.

voll im Trend | Südstaaten-Style

## Erdnusseis

200 g Sahne
100 ml Milch
30 g feinster Zucker
1 Tütchen Bourbon-Vanillezucker
150 g grobes Erdnussmus
(aus dem Bioladen)
2 Eigelb

Für 4 Personen
20 Min. Zubereitung | mind. 4 Std. Kühlen
Pro Portion ca. 480 kcal, 14 g EW, 39 g F, 19 g KH

1 Sahne, Milch, Zucker und Vanillezucker in einem Topf erwärmen, bis sich der Zucker gelöst hat. Das Erdnussmus hinzufügen und unter Rühren weiter erwärmen, bis es sich gelöst hat.

2 Die Eigelbe verquirlen und unter die Eismasse rühren. Vom Herd nehmen und abkühlen lassen, anschließend kühl stellen.

3 Die Creme in die Eismaschine geben und darin gefrieren lassen. Alternativ die Eismasse in eine Metallschüssel füllen, ca. 4 Stunden zugedeckt ins Tiefkühlfach stellen und mindestens alle 30 Minuten gründlich durchrühren, damit die Eiskristalle nicht zu groß werden.

4 Vom fertigen Eis mit einem Eisportionierer oder einem Esslöffel Kugeln abstechen und in vier Becher oder Gläser setzen. Wer mag, serviert dazu noch Karamellsauce und streut grob gehackte gesalzene Erdnüsse darüber.



oben: Joghurteis mit Beeren | unten: Erdnusseis

# Alles Schoko

Schokofans aufgepasst: Der süße Glücklichmacher aus Südamerika, den schon die Maya und Azteken verehrten, zeigt sich in diesem Kapitel von unterschiedlichster, aber stets unwiderstehlicher Seite. Denn wer soll bei cremiger Mousse au chocolat, luftig-leichtem Soufflé oder trendigen Mokka-Cupcakes nicht schwach werden ...

# Mousse au chocolat

300 g Sahne
1 EL Kakaopulver
150 g Zartbitterschokolade
2 Eier
2 Eigelb
40 g Zucker
Mark von ½ Vanilleschote

Für 4 Personen
30 Min. Zubereitung | mind. 2 Std. Kühlen
Pro Portion ca. 550 kcal, 10 g EW, 45 g F, 25 g KH

1 Die Sahne zusammen mit dem Kakaopulver steif schlagen, dann kühl stellen. Die Schokolade zerkleinern, im heißen Wasserbad (Seite 6) unter Rühren schmelzen und beiseitestellen.

2 Die Eier trennen. Alle Eigelbe mit dem Zucker und dem Vanillemark in eine Rührschüssel geben und mit dem Handrührgerät 6–8 Minuten cremig aufschlagen. Unter Rühren die Schokolade dazulaufen lassen. Die Schüssel auf ein eiskaltes Wasserbad (Seite 6) setzen und die Creme so lange weiterrühren, bis sie kalt ist.

3 Die Eiweiße zu steifem Schnee schlagen, Eischnee und Schokosahne vorsichtig unter die Creme heben und diese mindestens 2 Stunden kalt stellen. Zum Servieren mit zwei Löffeln Nocken abstechen und nach Belieben mit frischen Beeren oder einer Fruchtsauce garnieren.

verführerisch | ingwerwürzig

# Schoko-Ingwer-Küchlein mit Himbeercoulis

*Hier zählt Präzision: Wer seine Gäste mit einem flüssigen Kern überraschen möchte, sollte sich genau an die Backzeit halten und die Küchlein sofort servieren.*

**Für die Küchlein:**
100 g Zartbitterschokolade
Fett für die Formen
Zucker für die Formen
100 g Mascarpone (ital. Frischkäse)
60 g Zucker
1 EL Kakaopulver
1 ½ TL Ingwerpulver
Salz | 2 Eier
70 g Mehl
**Für die Sauce:**
150 g Himbeeren
50 g Zucker
1 EL Zitronensaft
2 EL Himbeergeist (nach Belieben)
**Außerdem:**
1 EL Puderzucker
4 Kugeln Vanilleeis (Fertigprodukt)
4 ofenfeste Förmchen (Ø 7,5 cm, 4 cm hoch)

Für 4 Personen
20–25 Min. Zubereitung | ca. 10 Min. Backen
Pro Portion ca. 670 kcal, 9 g EW, 33 g F, 65 g KH

**1** Den Backofen auf 200° vorheizen. Die Schokolade zerkleinern, im heißen Wasserbad (Seite 6) unter Rühren schmelzen und beiseitestellen. Die Förmchen einfetten und mit Zucker ausstreuen.

**2** Mascarpone, Zucker, Kakao, Ingwer und 1 Prise Salz in eine Rührschüssel geben und mit dem Handrührgerät glatt rühren. Die Eier hinzufügen und unterschlagen. Zunächst das Mehl und zuletzt die Schokolade unterrühren. Den Teig auf die Förmchen verteilen und im heißen Backofen (Mitte, Umluft 180°) 10–11 Minuten backen.

**3** Inzwischen die Himbeeren mit dem Zucker, dem Zitronensaft und nach Belieben dem Himbeergeist pürieren und durch ein Sieb streichen.

**4** Die Förmchen aus dem Ofen nehmen. Die Küchlein stürzen, auf vier Teller setzen und mit dem Puderzucker bestäuben. Mit einem Löffel etwas Himbeercoulis ringsherum verteilen und je 1 Kugel Vanilleeis daneben anrichten. Sofort servieren.

### VARIANTE – SCHOKOTARTE

Den Backofen auf 160° vorheizen. Eine Lage Backpapier in eine Springform (Ø 28 cm) einspannen, den Rand einfetten und mit Grieß ausstreuen. Je 200 g dunkle Blockschokolade und Butter in einem Topf bei schwacher Hitze schmelzen, vom Herd nehmen und leicht abkühlen lassen. 4 Eier, 200 g Zucker, Mark von 1 Vanilleschote, ½ TL Zimt, 2 EL Kakaopulver und 1 Prise Salz unterrühren. 200 g gemahlene Haselnüsse mit 2 TL Backpulver und 2 EL Speisestärke mischen und unter die Schoko-Ei-Masse heben. Den Teig in die Form füllen, glatt streichen und im heißen Backofen (Mitte, Umluft 140°) 40–45 Minuten backen. Herausnehmen, leicht abkühlen lassen, aus der Form lösen und vollständig auskühlen lassen. Die Tarte nach Belieben in 12–16 Stücke schneiden und mit der doppelten Menge Himbeercoulis servieren.

für anspruchsvolle Gäste

# Weißes Schoko-Soufflé mit Physalissauce

*Ob als luftiges Dessert oder als leichte Alternative zu Torte und Kuchen beim Kaffeekränzchen: Dieses Soufflé macht überall eine gute Figur.*

**Für die Soufflés:**
Fett und Zucker für die Förmchen
2 Eier | Salz
1 TL Backpulver
50 g Zucker
30 g Butter
70 g weiße Schokolade
40 g Mehl
50 ml Milch
1 EL Dampfmohn
2 EL Kakaolikör (nach Belieben)
**Für die Sauce:**
200 g Physalis
20 g Butter | 30 g Zucker
1 EL Zitronensaft
150 g Aprikosenkonfitüre
**Außerdem:**
6 ofenfeste Förmchen (à 150 ml)

Für 6 Personen
30 Min. Zubereitung | 30 Min. Garen
Pro Portion ca. 340 kcal, 4 g EW, 15 g F, 47 g KH

**1** Die Gläser einfetten, mit Zucker ausstreuen und bis zur Verwendung ins Tiefkühlfach stellen.

**2** Den Backofen auf 180° vorheizen. Die Eier trennen. Die Eiweiße mit 1 Prise Salz zu halbsteifem Schnee schlagen. Das Backpulver und 1 EL Zucker dazugeben. Eiweiße weiterschlagen bis sie steif sind. Bis zur Verwendung kühl stellen.

**3** Die Butter in einem Topf bei schwacher Hitze schmelzen. Die Schokolade zerkleinern und in der Butter schmelzen. Das Mehl dazugeben, alles zu einem Klumpen rühren und vom Herd nehmen. Eigelbe, Milch, restlichen Zucker und Mohn dazugeben und alles zu einem glatten Teig rühren (Bild 1). Nach Belieben den Kakaolikör unterrühren.

**4** Den Eischnee portionsweise unter den Teig heben und die Masse in die Gläser füllen. Die Förmchen in eine große Auflaufform stellen und ca. 2 cm hoch heißes Wasser angießen (Bild 2). Die Soufflés im heißen Backofen (Mitte, Umluft 160°) ca. 30 Minuten garen, dabei den Ofen nicht öffnen.

**5** Für die Sauce die Physalis aus den Hüllblättern lösen, waschen und halbieren. In einem Topf mit Butter, Zucker und Zitronensaft bei mittlerer Hitze 3 Minuten dünsten. Die Aprikosenkonfitüre zufügen und alles glatt rühren. Die Sauce auf sechs kleine Schälchen verteilen.

**6** Die fertigen Soufflés aus dem Backofen nehmen. Die Gläser und Schälchen auf Desserttellern anrichten und sofort servieren (Bild 3).

### TIPP – SOUFFLÉ-GEFLÜSTER

Für ein luftig-leichtes Soufflé darf der Ofen während des Backvorgangs nicht geöffnet werden. Ansonsten sind keine großen Kochklippen zu umschiffen. Wichtig: Sofort servieren, sonst fällt jedes noch so gelungene Soufflé garantiert in sich zusammen und wird ganz schnell von einem luftigen Traum zu einem traurigen Küchlein.

1

2

3

mit feinem Traubenaroma | edel

# Balsamico-Trüffel-Creme

*Aceto balsamico ist eine der süßesten und fruchtigsten Essigsorten. Da bietet es sich förmlich an, damit einmal eine edle Trüffelcreme zu aromatisieren.*

50 ml Aceto balsamico
40 g Zucker
Zimtpulver
100 g Zartbitterschokolade
3 Eier
Salz
200 g Sahne
100 g dunkle Kuvertüre

Für 4 Personen
30 Min. Zubereitung | mind. 2 Std. Kühlen
Pro Portion ca. 530 kcal, 10 g EW, 39 g F, 35 g KH

**1** Für die Schokokörbchen vier leere dünne Flaschen (z. B. Balsamico- oder Likörflaschen) mit Backpapier umwickeln und ins Eisfach legen.

**2** Für die Creme den Balsamico mit dem Zucker und 1 Prise Zimt in einen kleinen Topf geben, erhitzen und ca. 2 Minuten sirupartig einkochen lassen. Vom Herd nehmen und etwas abkühlen lassen. Die Schokolade zerkleinern und im heißen Wasserbad (Seite 6) schmelzen, ebenfalls etwas abkühlen lassen.

**3** Die Eier trennen. 2 Eiweiß mit 1 Prise Salz zu steifem Schnee schlagen und kühl stellen. Die Sahne ebenfalls steif schlagen und kühl stellen.

**4** Die 3 Eigelb mit dem Balsamico-Sirup verrühren und die geschmolzene Schokolade einrühren. Die Sahne unterheben und anschließend den Eischnee portionsweise unterheben. Die Masse in eine Metallschüssel umfüllen und zugedeckt mindestens 2 Stunden kühl stellen.

**5** Die Kuvertüre klein hacken, im heißen Wasserbad (Seite 6) schmelzen lassen und in einen Spritzbeutel (Erfolgstipps, Innenklappe vorn) mit feiner Tülle füllen. Auf die erkalteten Flaschen jeweils ein Schokogitter aufspritzen. Das Gitter vollständig fest werden lassen und kühl stellen. Vier Dessertteller ebenfalls kühl stellen.

**6** Die Schokogitter vorsichtig vom Papier lösen und nach oben offen auf den Tellern anrichten.

**7** Von der Balsamico-Trüffel-Creme mit einem Esslöffel Nocken abstechen und auf den Gittern anrichten. Wer mag, garniert das Dessert noch mit in Scheiben geschnittenen Erdbeeren, gehackten Walnüssen oder Haselnusskrokant und etwas Crema di Balsamico.

### TIPP – CHAMPAGNER-TRÜFFEL-CREME

Sie mögen es lieber klassisch? Dann probieren Sie doch einmal diese edle Creme-Variante. Verwenden Sie dafür statt dem Balsamico einfach 60 ml Champagner und lassen nach Belieben das Zimtpulver weg. Für eine hochprozentige Variante 40 ml Whiskey, Weinbrand oder Grappa verwenden.

# Mokka-Cupcakes

*Genießen wie in der Coffee Lounge: Zu Latte macchiato, Café au lait oder zu klassischem Espresso sind diese verführerischen Küchlein eine wunderbare Ergänzung.*

100 g Zartbitterschokolade | 300 g Butter | 4 TL Instantkaffee | 90 g Mehl | 1 EL Kakaopulver | 80 g Zucker | 1 Tütchen Bourbon-Vanillezucker | 1 TL Backpulver | Salz | 3 Eier | 80 g Puderzucker | 150 g Frischkäse | 16–24 Schoko-Mokkabohnen | 1 Muffinblech

Für 12 Cupcakes
30 Min. Zubereitung | ca. 25 Min. Backen
30 Min. Kühlen
Pro Portion ca. 365 kcal, 5 g EW, 28 g F, 24 g KH

**1** Die Schokolade zerkleinern und in einem Topf mit 180 g Butter und 2 TL Instantkaffee bei schwacher Hitze unter Rühren schmelzen. Vom Herd nehmen und etwas abkühlen lassen.

**2** Den Backofen auf 180° vorheizen. Mehl, Kakao, Zucker, Vanillezucker, Backpulver und 1 Prise Salz mischen. Zunächst die Eier und dann die Mehlmischung unter die Schokomasse rühren.

**3** Ein Muffinblech mit 12 Papierförmchen auslegen, den Teig darauf verteilen und im heißen Backofen (Mitte, Umluft 160°) 20–25 Min. backen.

**4** Für die Mokkacreme den restlichen Instant-Kaffee mit 1 EL heißem Wasser anrühren und abkühlen lassen. Die übrige zimmerwarme Butter mit dem Puderzucker schaumig schlagen. Nach und nach den zimmerwarmen Frischkäse und zuletzt den Kaffee unterrühren. Die fertige Creme bis zur Verwendung kühl stellen.

**5** Die Cupcakes aus dem Ofen nehmen, etwas abkühlen lassen, aus der Form lösen und vollständig auskühlen lassen. Die Mokkacreme in einen Spritzbeutel mit Sterntülle füllen und auf die Küchlein spritzen. Mit Mokkabohnen garnieren.

für Genießer | Seelenwärmer

# Schokotöpfchen

*Bei diesem fondueartigen Dessert dürfen Sie nach Herzenslust dippen! Echte Schokofans halten sich damit gar nicht auf und genießen die feine Schokocreme einfach pur.*

8 Erdbeeren | 8 Physalis | 4 Löffelbiskuits | 4 Cantuccini | 60 g Kakaopulver | 80 g Zucker | 1 Tütchen Bourbon-Vanillezucker | Zimtpulver | 1 TL Speisestärke | 1/4 l Milch | 20 g Vollmilchschokolade | 80 g Sahne | 20 ml Weinbrand (nach Belieben)

Für 4 Personen | 20 Min. Zubereitung
Pro Portion ca. 360 kcal, 8 g EW, 16 g F, 44 g KH

**1** Zunächst die Teller vorbereiten, da die Schokolade die ganze Zeit gerührt werden muss und danach sofort serviert wird. Dafür die Erdbeeren waschen und trocken tupfen. Die Hüllblätter der Physalis öffnen und nach hinten klappen. Je 1 Kaffeetasse auf 4 Dessertteller stellen. Früchte, Löffelbiskuits und Cantuccini daneben anrichten.

**2** Kakao, Zucker, Vanillezucker, 1 Prise Zimt und die Speisestärke gründlich mischen. In einem Topf mit 100 ml Milch glatt rühren, dann die restliche Milch dazugeben. Die Mischung erhitzen und unter ständigem Rühren bei schwacher bis mittlerer Hitze 10 Minuten ziehen lassen, bis sie schön andickt.

**3** Die Schokolade darin schmelzen lassen und die Sahne unterrühren. Nach Belieben den Weinbrand unterrühren, die Schokolade in die Tassen füllen und warm servieren. Bei Tisch Obst und Kekse in die Schokolade tauchen.

### DIPP-TIPP

Wer mag, ersetzt Erdbeeren und Physalis durch Bananen- und Ananasstücke. Auch Apfelspalten und Weintrauben lassen sich in die heiße Schokolade tauchen.

gut vorzubereiten | macht was her

# Schokoladenparfait schwarz-weiß

*Wer keine Eismaschine im Haus hat, muss nicht auf selbst gemachtes Eis verzichten: Denn cremig gerührte Parfaits gelingen auch im Tiefkühlfach ganz leicht.*

200 g Sahne
2 Eier
Salz
100 g Zartbitterschokolade
100 g weiße Schokolade
2 Eigelb
100 g Zucker
**Außerdem:**
1 Kastenform (ca. 20 cm lang)
Frischhaltefolie

Für 4–6 Personen
40 Min. Zubereitung | mind. 5 Std. Kühlen
Bei 4 Personen pro Portion ca. 595 kcal, 9 g EW, 39 g F, 51 g KH

**1** Die Kastenform mit Frischhaltefolie auslegen und 10 cm Rand stehen lassen, der später über das Parfait geklappt wird.

**2** Die Sahne steif schlagen und kalt stellen. Die Eier trennen, die Eiweiße mit 1 Prise Salz zu steifem Schnee schlagen und ebenfalls kalt stellen.

**3** Je 60 g weiße und dunkle Schokolade nacheinander im heißen Wasserbad schmelzen (Seite 6) und beiseitestellen. Alle Eigelbe mit Zucker und 4 EL warmem Wasser in eine Rührschüssel geben und mit dem Handrührgerät schaumig schlagen.

**4** Die Schüssel auf ein heißes Wasserbad setzen, dabei darf der Boden das Wasser nicht berühren. Die Eigelbmasse weißcremig schlagen.

**5** Die Hälfte der Eiermasse abnehmen und in eine zweite Rührschüssel füllen. Jeweils eine Schokoladensorte unter die Eiercremes rühren und beide Cremes auf dem eiskalten Wasserbad weiterschlagen, bis sie abgekühlt sind. Dann jeweils die Hälfte der Sahne und des Eischnees unterheben.

**6** Die beiden Cremes abwechselnd in die Form gießen, sodass ein wildes Muster entsteht. Den Boden der Form ein paar Mal auf ein Küchentuch stoßen, damit Luftblasen sich lösen können. Die restlichen Schokoladen mit einem Brotmesser in dünne Späne hobeln und auf dem Parfait verteilen. Mit der Folie abdecken und im Tiefkühlfach mindestens 5 Stunden gefrieren lassen.

**7** Zum Servieren das Parfait mit der Folie aus der Form heben, Folie vorsichtig ablösen und das Parfait auf eine Platte setzen. Das Parfait mit einem heißen Messer in Scheiben schneiden und auf Desserttellern anrichten.

### TIPP – KLASSISCHES SCHOKOLADENEIS

Für 4 Personen 200 g Sahne erhitzen, 200 g Zartbitterschokolade zerkleinern und unter Rühren bei schwacher Hitze in der Sahne schmelzen lassen. 50 g Zucker unter Rühren in der Mischung auflösen, 100 ml Milch unterrühren und die Mischung erst abkühlen lassen, dann kühl stellen. Die gekühlte Masse in die Eismaschine geben und darin gefrieren lassen.

# Richtig fruchtig

Vom aromatischen Kompott über knackigen Obstsalat bis zum erfrischenden Sorbet und eiskalter Granita – die fruchtige Versuchung hat viele Facetten. Aber eines haben alle Fruchtdesserts gemeinsam: Sie bringen Sonnenenergie in konzentrierter Form auf den Teller – und heben damit die Stimmung für den Rest des Tages.

# Pfeffer-Ananas mit Joghurtnocken

1 Bio-Zitrone
400 g Joghurt (3,5 %)
120 g Zucker
200 g Sahne
½ Ananas
5 Blatt Basilikum
20 g Butter
schwarzer Pfeffer

**Für 4 Personen**
**◎ 25 Min. Zubereitung | mind. 24 Std. Ruhen**
**Pro Portion ca. 420 kcal, 5 g EW, 24 g F, 44 g KH**

1 Am Vortag die Zitrone heiß waschen, abtrocknen, die Schale abreiben, den Saft auspressen. Den Joghurt mit 60 g Zucker, Zitronenschale und 2 EL Saft verrühren. Die Sahne steif schlagen und unterheben. Ein Sieb in eine Schüssel hängen und mit einem sauberen Küchentuch auslegen. Die Creme einfüllen und ca. 24 Stunden abtropfen lassen, dabei kühl stellen.

2 Am nächsten Tag die Ananas schälen, das Fruchtfleisch zunächst vom harten Strunk, dann in grobe Spalten schneiden. Das Basilikum waschen, gründlich trocken tupfen und mit 30 g Zucker im Mörser zerreiben. Butter in einer Pfanne erhitzen. Die Ananasstücke darin 3 Minuten schwenken. Den restlichen Zucker hinzufügen und karamellisieren lassen. Etwas Pfeffer grob darübermahlen.

3 Aus der Joghurtmasse mit zwei Esslöffeln Nocken formen und mit den Ananasstücken anrichten. Mit dem Basilikumzucker garnieren und servieren.

AUSTAUSCH-TIPP

**Spannende Varianten ohne Pfeffer erhalten Sie, wenn Sie die Ananas durch Mandarinenspalten oder eine in Spalten geschnittene Mango ersetzen.**

tolle Kombi | ganz einfach

## Bananenquark mit Nüssen

3 Bananen | 2 EL Zitronensaft | 250 g Speisequark (20 %) | 30 g Zucker | Zimtpulver (nach Belieben) | 100 g Sahne | 2 EL flüssiger Honig | 50 g Pecannüsse | 50 g getrocknete Cranberrys

Für 4 Personen | 15 Min. Zubereitung
Pro Portion ca. 420 kcal, 11 g EW, 20 g F, 48 g KH

1 Anderthalb Bananen schälen, mit dem Zitronensaft beträufeln und mit einer Gabel fein zerdrücken. Anschließend mit dem Quark und dem Zucker verrühren und nach Belieben mit etwas Zimt abschmecken. Die Sahne steif schlagen und unter den Bananenquark heben.

2 Den Quark auf vier Schälchen verteilen und mit dem Honig beträufeln. Die restlichen Bananen schälen, in dünne Scheiben schneiden und auf dem Quark anrichten. Pecannüsse und Cranberrys über den Quark streuen und servieren.

schmeckt nach Urlaub

## Mango-Joghurt-Creme

1 Mango | 500 g griechischer Joghurt (10 %) | 40 g Zucker | 1 EL flüssiger Honig | ½–1 TL gemahlener Kardamom | 1 EL Limettensaft | gehackte Pistazien zum Garnieren

Für 4 Personen | 15 Min. Zubereitung
Pro Portion ca. 225 kcal, 4 g EW, 12 g F, 25 g KH

1 Die Mango schälen, das Fruchtfleisch vom Stein und in kleine Würfel schneiden. 100 g abwiegen, mit dem Stabmixer fein pürieren und mit dem Joghurt und dem Zucker verrühren. Die restlichen Mangostückchen vorsichtig mit Honig, Kardamom und Limettensaft verrühren.

2 Den Joghurt auf Gläser oder Schälchen verteilen und die Mangowürfel darauf anrichten. Mit den gehackten Pistazien garnieren.

Klassiker auf neue Art

## Mandelquark mit Stachelbeeren

400 g Stachelbeeren | 100 g Zucker | 40 g Mandelblättchen | 10 g Puderzucker | 50 ml Milch | 50 g Mandelmus (aus dem Bioladen) | 500 g Speisequark (20 %) | Bittermandelaroma

Für 4 Personen | 20 Min. Zubereitung
Pro Portion ca. 430 kcal, 21 g EW, 20 g F, 42 g KH

1 Die Beeren putzen, waschen und abtropfen lassen. ¼ l Wasser mit 50 g Zucker aufkochen. Beeren portionsweise 1–2 Minuten darin garen, bis sie weich sind. Herausheben und abtropfen lassen.

2 Mandelblättchen in einer beschichteten Pfanne kurz anrösten, den Puderzucker darüberstreuen, leicht karamellisieren und abkühlen lassen. Milch und Mandelmus verrühren, mit Quark, restlichem Zucker und ein paar Tropfen Bittermandelaroma glatt rühren. Quark auf vier Schälchen verteilen, Stachelbeeren und Mandeln darauf anrichten.

zitrusfrisch | luftig

## Orangen-Limettenjoghurt

2 Orangen | 1 Bio-Limette | 500 g cremiger Joghurt | 200 g Crème fraîche | 80 g brauner Zucker | 2 EL brauner Rum (54 %; nach Belieben) | 80 g Baisers bzw. Merengues

Für 4 Personen | 15 Min. Zubereitung
Pro Portion ca. 470 kcal, 6 g EW, 25 g F, 49 g KH

1 Die Orangen schälen, sodass auch die weiße Innenhaut entfernt wird. Die Fruchtfilets aus den Trennhäutchen schneiden. Den Saft auffangen und die Orangenreste etwas auspressen. Limette heiß waschen, trocken reiben, Schale mit dem Zestenreißer abziehen, Saft auspressen. Limetten- und Orangensaft mit Joghurt, Crème fraîche, 50 g Zucker und nach Belieben Rum verrühren. Die Baisers in einen Gefrierbeutel füllen und mit dem Nudelholz grob zerstoßen. Mit dem Joghurt verrühren und auf vier Gläser verteilen. Mit dem restlichen braunen Zucker bestreuen, die Orangenfilets darauf verteilen und mit der Limettenschale bestreuen.

mit feinem Blütenaroma | sommerlich

# Himbeer-Holunder-Grütze

*Wer Rote Grütze mag, wird diese Variante lieben: Das starke Fruchtaroma der Beeren wird sanft durch Holunderblüten parfümiert und herrlich abgerundet.*

**Für die Grütze:**
200 g Schwarze Johannisbeeren
500 g Himbeeren
100 ml Holundersirup
30 g Zucker
1 Tütchen Bourbon-Vanillezucker
1 EL Zitronensaft
3 TL Speisestärke
**Für die Hippenschälchen:**
100 g weiche Butter
100 g Puderzucker
4 Eiweiß
120 g Mehl
Salz
**Außerdem:**
4 Kugeln Vanilleeis (Fertigprodukt)

Für 4 Personen
30 Min. Zubereitung | 20 Min. Backen
2 Std. Kühlen
Pro Portion ca. 735 kcal, 10 g EW, 28 g F, 92 g KH

**1** Für die Grütze die Schwarzen Johannisbeeren waschen und mit einer Gabel von den Stielen streifen. Die Hälfte der Himbeeren mit dem Stabmixer fein pürieren und durch ein Sieb streichen.

**2** Das Himbeermus mit Holundersirup, Zucker, Vanillezucker, Zitronensaft und Speisestärke in einem Topf verrühren und langsam zum Kochen bringen. Bei schwacher Hitze köcheln, bis die Mischung andickt, dabei ständig rühren.

**3** Die restlichen Himbeeren und die Schwarzen Johannisbeeren hinzufügen und alles noch ca. 2 Minuten köcheln lassen. Den Topf vom Herd nehmen, die Grütze abkühlen lassen und anschließend zugedeckt kühl stellen.

**4** Für die Hippenschälchen ein mit Backpapier ausgelegtes Blech in den Backofen stellen und diesen auf 170° vorheizen. Die Butter mit dem Puderzucker in einer Rührschüssel mit dem Handrührgerät schaumig rühren. Die Eiweiße, das Mehl und 1 Prise Salz unterrühren.

**5** Zwei Teigportionen (je ca. 4 EL) in großem Abstand auf das Blech geben und mit einer Palette zu Kreisen mit 15 cm Durchmesser formen. Im heißen Backofen (Mitte, Umluft 150°) ca. 8–9 Minuten backen, bis der Teig gut gebräunt ist. Mit der Palette vom Blech heben, sofort über auf den Kopf gestellte Tassen stülpen, in Form bringen und abkühlen lassen. Zwei weitere Hippenschälchen auf die gleiche Art zubereiten.

**6** Zum Servieren die Hippenschälchen auf vier Dessertteller setzen und je 1 Kugel Vanilleeis hineingeben. Die Grütze rund um das Eis verteilen. Wer mag, garniert noch mit von den Dolden geschnittenen Holunderblüten oder Zitronenmelisse.

Mehlspeisentraum | für Genießer

# Marzipanbuchteln mit Marillenröster

*Fans der österreichischen Dessertküche kommen hier voll auf ihre Kosten: Ein Hauch Ingwer gibt dem klassischen Röster eine frische Note.*

**Für die Buchteln:**
150 g Butter
100 ml Milch
100 g Zucker
½ Würfel frische Hefe
350 g Mehl
1 Ei
1 Eigelb
Bittermandelaroma
120 g Marzipanrohmasse
Puderzucker zum Bestäuben

**Für den Marillenröster:**
500 g Aprikosen
10 g Ingwer
50 g Zucker
Zimtpulver
20 g eiskalte Butter

Für 4 Personen | 35 Min. Zubereitung
1 Std. Ruhen | 25 Min. Garen
Pro Portion ca. 995 kcal, 16 g EW, 48 g F, 126 g KH

1 Für die Buchteln 100 g Butter mit der Milch und 30 g Zucker erhitzen, bis die Butter geschmolzen ist. Die Masse abkühlen lassen, bis sie lauwarm ist. Die Hefe zerbröckeln und in der Mischung auflösen.

2 Mehl, restlichen Zucker, Ei, Eigelb und ein paar Tropfen Bittermandelaroma dazugeben und alles zu einem glatten Teig verkneten. Zugedeckt an einem warmen Ort 1 Stunde gehen lassen.

3 Marzipan in 12 gleich große Würfel schneiden. Den Teig in 12 Portionen teilen, jede Portion in der bemehlten Hand flach drücken und leicht in die Länge ziehen. Je 1 Stück Marzipan daraufgeben, den Teig darüber zusammenklappen, verschließen und vorsichtig zu einem Ei formen. Eine Auflaufform (20 x 30 cm) einfetten, die Teigportionen mit etwas Abstand hineinsetzen, noch einmal 15 Minuten gehen lassen. Den Backofen auf 200° vorheizen.

4 Die Buchteln im heißen Backofen (Mitte, Umluft 180°) 25–30 Minuten backen. Die restliche Butter schmelzen und die Buchteln während der Backzeit zweimal damit bestreichen.

5 Für den Marillenröster die Aprikosen waschen, entsteinen, die Hälften vierteln. Den Ingwer schälen und fein reiben. In einer Auflaufform mit den Aprikosen, dem Zucker und 1 Prise Zimt mischen. Im heißen Backofen ca. 20 Minuten garen.

6 Buchteln und Marillenröster aus dem Backofen nehmen und abkühlen lassen. Die Butter in Flöckchen über den Marillenröster geben und nach Belieben etwas nachsüßen. Die Buchteln mit Puderzucker bestäuben. Mit dem Röster auf Tellern anrichten und servieren.

## VARIANTE – ZWETSCHGENRÖSTER

**Verwenden Sie dafür 500 g Zwetschgen. Diese waschen, vierteln und entsteinen. Zusätzlich noch 80 ml Wasser oder nach Belieben Rotwein in die Auflaufform geben und alles ca. 25 Minuten garen.**

erfrischend | schmeckt nach Urlaub

## Erdbeer-Limetten-Sorbet

1 Bio-Limette
500 g Erdbeeren
150 g Puderzucker
1 EL Gin (nach Belieben)

Für 4 Personen | 10 Min. Zubereitung
30 Min. Ziehen | 40 Min. Kühlen
Pro Portion ca. 50 kcal, 1 g EW, 0 g F, 7 g KH

**1** Limette heiß waschen, Schale abreiben, den Saft auspressen. Die Erdbeeren waschen, putzen und in Scheiben schneiden. Mit Zucker, Limettensaft und -schale verrühren und 30 Minuten ziehen lassen.

**2** Die Erdbeeren mit dem Stabmixer fein pürieren und nach Belieben durch ein Sieb streichen, um die Kerne zu entfernen. Das Fruchtpüree kühl stellen.

**3** Nach Belieben den Gin unterrühren, das Erdbeerpüree in die Eismaschine geben und darin gefrieren lassen. Vom fertigen Sorbet mit einem Eisportionierer oder einem Esslöffel Kugeln abstechen und in vier Becher oder Gläser setzen.

### TIPP – ALS GRANITA SERVIEREN

Für das Sorbet benötigen Sie eine Eismaschine, sonst wird es nicht cremig. Sie können das Eis aber auch als Granita servieren. Dafür mindestens 4 Stunden ins Tiefkühlfach stellen. Nach ca. 1 Stunde, dann alle 30 Minuten die gefrorene Schicht vom Rand her mit einem Löffel ablösen und untermischen. Weiterkühlen, bis die Masse durchgefroren ist. Vor dem Servieren die Granita mit einer Gabel auflockern und auf vier Gläser verteilen. Wer mag, püriert noch 3–4 Blätter Minze mit den Erdbeeren.

aus Sizilien | zitrusfrisch

## Orangengranita

ca. 6 Orangen (davon 1 Bio-Orange)
1 Bio-Zitrone
100 g feinster Zucker
50 ml Mineralwasser

Für 4 Personen
15 Min. Zubereitung | mind. 4 Std. Kühlen
Pro Portion ca. 150 kcal, 1 g EW, 0 g F, 35 g KH

**1** Die Bio-Orange und Zitrone heiß waschen, trocken reiben, von beiden die Schale abreiben und den Saft auspressen. 450 ml Saft abmessen (bei Bedarf mit Orangensaft aus der Tüte auffüllen).

**2** Den Orangensaft, 2 EL Zitronensaft und die abgeriebene Zitrusschale so lange mit dem Zucker verrühren, bis er sich gelöst hat. Die Mischung zugedeckt kühl stellen.

**3** Das Mineralwasser unterrühren, die Mischung in eine Metallschüssel füllen und zugedeckt mindestens 4 Stunden ins Tiefkühlfach stellen.

**4** Nach ca. 1 Stunde, dann alle 30 Minuten die gefrorene Schicht vom Rand her mit einem Löffel ablösen und untermischen. Weiterkühlen, bis die Masse durchgefroren ist. Das Sorbet vor dem Servieren mit einer Gabel auflockern und auf vier Gläser verteilen.

### VARIANTEN

Für die Granita eignen sich auch andere Zitrusfrüchte. Farbenfroh wird es, wenn Sie die Orangen durch Blutorangen ersetzen. Oder Sie nehmen statt Orangen und Zitrone Pink Grapefruits und Bio-Limette. Dann aber die Schale der Grapefruit nicht verwenden.



oben: Erdbeer-Limetten-Sorbet | unten: Orangengranita

Landhausküche mit feinem Extra

# Apfeltartelettes mit Mokka-Sabayon

*Überraschen Sie Ihre Lieben mit diesen feinen Apfelküchlein. Eine elegante Sabayon verleiht ihnen einen Hauch von französischem Savoir-vivre.*

**Für die Tartelettes:**
2 Scheiben TK-Blätterteig
(ca. 20 x 10 cm, 150 g)
120 g Marzipanrohmasse
Puderzucker zum Ausrollen
40 g Aprikosenkonfitüre
2 säuerliche Äpfel (z. B. Boskop)
Zimtpulver
30 g Zucker
1 Eigelb
**Für die Sabayon:**
100 ml frisch gebrühter, starker Kaffee
4 Eigelb
40 g feinster Zucker
1 Tütchen Bourbon-Vanillezucker
½ TL Kakaopulver
1–2 EL Mokkalikör (nach Belieben)

Für 4 Personen
45 Min. Zubereitung
Pro Portion ca. 515 kcal, 8 g EW, 25 g F, 64 g KH

1 Für die Tartelettes den Blätterteig auftauen lassen. Den Backofen auf 180° vorheizen.

2 Die Blätterteigscheiben etwas größer ausrollen und vier Teigkreise à 10–12 cm ausstechen. Die Marzipanrohmasse mit etwas Puderzucker dünn ausrollen und vier Kreise à 8 cm ausstechen. Die Mitte der Teigkreise dünn mit Aprikosenkonfitüre bestreichen, mit den Marzipankreisen belegen, restliche Konfitüre darauf verteilen.

3 Die Äpfel halbieren, das Kerngehäuse entfernen und die Hälften in dünne Spalten schneiden. Je einen halben Apfel dachziegelartig überlappend auf einen Teigkreis legen. Die Tartelettes mit Zimt und Zucker bestreuen.

4 Das Eigelb verquirlen und den Teigrand damit bestreichen. Die Tartelettes auf einem mit Backpapier ausgelegten Blech im heißen Backofen (Mitte, Umluft 160°) ca. 20 Minuten backen.

5 Für die Sabayon den Kaffee lauwarm abkühlen lassen. Eigelbe, Zucker und Vanillezucker in eine Metallschüssel geben und mit dem Handrührgerät leicht schaumig aufschlagen. Den abgekühlten Kaffee und das Kakaopulver unterschlagen.

6 Die Schüssel auf ein heißes Wasserbad setzen, dabei darf der Boden das Wasser nicht berühren (Seite 6). Die Eiermasse mit dem Handrührgerät 8–10 Minuten zu einer luftigen Creme aufschlagen. Nach Belieben den Mokkalikör unterrühren.

7 Die Tartelettes aus dem Backofen nehmen und etwas abkühlen lassen. Auf vier Teller verteilen und mit etwas Puderzucker bestreuen. Die Sabayon dazu servieren. Wer mag, gibt noch je 1 Kugel Vanilleeis (Fertigprodukt) dazu.

ganz einfach | mit würzigem Käse

## Obstsalat mit Pecorino

200 g kernlose Weintrauben
2 Kiwis
1 Apfel (z. B. Elstar)
1 EL Honig
1 EL Zitronensaft
1–2 TL weißer Aceto balsamico
Zimtpulver
100 g Pecorino (ital. Hartkäse)
50 g Walnusskerne
schwarzer Pfeffer

Für 4 Personen
20 Min. Zubereitung
Pro Portion ca. 220 kcal, 8 g EW, 16 g F, 11 g KH

**1** Die Weintrauben waschen, abtropfen lassen, von den Stielen zupfen und nach Belieben halbieren. Die Kiwi schälen, vierteln und in Scheiben schneiden. Den Apfel waschen, vierteln, das Kerngehäuse entfernen und die Viertel klein schneiden. Das Obst mit Honig, Zitronensaft, Essig und 1 Prise Zimt verrühren und 5 Minuten ziehen lassen.

**2** Den Pecorino mit dem Gurkenhobel in grobe Späne hobeln. Mit den Walnüssen unter den Salat mischen. Den Salat auf Dessertschälchen verteilen und etwas Pfeffer grob darübermahlen.

### TIPP – KÄSE

Obst und Käse vertragen sich ganz hervorragend. Servieren Sie den Salat alternativ mit gehobeltem Parmesan oder gewürfeltem alten Gouda. Auch Brie oder Camembert eignen sich vorzüglich als pikante Beilage zu diesem Obstsalat.

luftig leicht | weinselig

## Obstsalat mit Weinschaum

250 g Erdbeeren
1 Nektarine
4 Feigen
2 EL flüssiger Honig
1 EL Zitronensaft
Zimtpulver
4 Eigelb
50 g feinster Zucker
80 ml Portwein

Für 4 Personen
30 Min. Zubereitung
Pro Portion ca. 225 kcal, 4 g EW, 7 g F, 33 g KH

**1** Das Obst waschen. Die Erdbeeren putzen und halbieren. Die Nektarine halbieren, entsteinen und in schmale Spalten schneiden. Die Feigen putzen und vierteln. Honig, Zitronensaft und 1 Prise Zimt verrühren und mit dem Obst mischen.

**2** Inzwischen für den Weinschaum Eigelbe, Zucker und 1 EL Wasser in einer Metallschüssel mit dem Handrührgerät leicht schaumig schlagen. Portwein einrühren und über dem heißen Wasserbad (Seite 6) ca. 8–10 Minuten schaumig aufschlagen.

**3** Die Früchte auf vier Dessertteller verteilen. Den Weinschaum in Schälchen oder Gläser füllen und zum Dippen dazureichen.

### TIPP

Für eine Variante ohne Alkohol ersetzen Sie den Portwein durch 70 ml Traubensaft und 1 EL Zitronensaft.



oben: Obstsalat mit Pecorino | unten: Obstsalat mit Weinschaum

# Heiß auf Desserts

Wenn es draußen kalt und grau ist, sind heiße Desserts frisch aus Ofen oder Pfanne echte Seelenwärmer. Dabei reicht die Auswahl von fluffigen Crêpes über luftigen Kaiserschmarrn und butterzarte Bratäpfel bis zu knusprigem Crumble. In diesem Kapitel findet also garantiert jeder seinen ganz persönlichen heißen Favoriten ...

# Kaiserschmarrn

4 Eier
3 EL Zucker
1 Tütchen Bourbon-Vanillezucker
Salz
400 ml Milch
150 g Mehl
30 g flüssige Butter
2 EL Butter
2 EL Puderzucker zum Bestäuben

**Für 4 Personen**
**⌚ 25 Min. Zubereitung | 10 Min. Backen**
**Pro Portion ca. 450 kcal, 14 g EW, 20 g F, 53 g KH**

1 Die Eier trennen. Die Eigelbe in einer Rührschüssel mit 1 EL Zucker, dem Vanillezucker und 1 Prise Salz schaumig schlagen. Nach und nach abwechselnd die Milch und das Mehl unterrühren.

2 Das Eiweiß zu steifem Schnee schlagen. Zuerst die flüssige Butter unter den Teig rühren, dann den Eischnee unterheben.

3 Je 1 EL Butter in zwei Pfannen erhitzen, je die Hälfte des Teigs einlaufen lassen und bei mittlerer Hitze hellbraun ausbacken. Den Teig vierteln, wenden und weiterbacken, bis er auch von der anderen Seite gebräunt ist. Den Teig mit einer Gabel grob zerteilen, je 1 EL Zucker dazugeben und leicht karamellisieren lassen. Auf Teller verteilen und mit Puderzucker bestäuben. Dazu passt Zwetschgen- oder Marillenröster (Seite 40).

gästetauglich | macht was her

# Flambierte Mango-Zitronen-Crêpes

*Wer Crêpes Suzette mag, wird diese Variante des französischen Klassikers lieben – und das Flambieren sorgt garantiert für beeindruckte Ahhs und Ohhs.*

**Für die Crêpes:**
40 g Butter
3 Eier
200 ml Milch
50 ml Mineralwasser
90 g Mehl | Salz
**Außerdem:**
1 große Mango (mind. 600 g)
100 g Zucker
Öl zum Ausbacken
1 Bio-Zitrone
2 Eier
150 g Quark
50 ml brauner oder schwarzer Rum (54%)

Für 4 Personen
1 ½ Std. Zubereitung
Pro Portion ca. 595 kcal, 18 g EW, 25 g F, 74 g KH

1 Für die Crêpes die Butter schmelzen. Die Eier mit der Milch und dem Mineralwasser verquirlen. Mehl und ½ TL Salz gründlich unterschlagen. Die Butter langsam unter Rühren dazulaufen lassen. Den Teig ca. 20 Minuten quellen lassen.

2 Die Mango schälen und das Fruchtfleisch vom Stein schneiden. 400 g Fruchtfleisch abwiegen, davon 150 g klein schneiden und mit 50 g Zucker in einem Topf bei mittlerer Hitze ca. 10 Minuten weich dünsten. Anschließend mit dem Stabmixer fein pürieren und abkühlen lassen.

3 Den Crêpesteig noch einmal gründlich verquirlen. In einer beschichteten Pfanne wenige Tropfen Öl erhitzen. 2 kleine Kellen Teig hineingeben, sodass der Boden eben bedeckt ist (Bild 1). Die Crêpe bei mittlerer Hitze in ca. 4 Minuten von beiden Seiten goldbraun ausbacken. Mit dem restlichen Teig genauso verfahren und insgesamt 8 Crêpes backen. Die fertigen Crêpes beiseitestellen.

4 Den Backofen auf 140° vorheizen. Zitrone heiß waschen, trocken reiben, die Schale abreiben und den Saft auspressen. 1 Ei trennen. Den Quark mit dem Eigelb, dem übrigen Ei und der Zitronenschale verrühren und das Mangomus unterrühren. Das Eiweiß zu steifem Schnee schlagen und unterheben. Die Crêpes mit der Mangocreme bestreichen, doppelt zusammenklappen und leicht überlappend in eine Auflaufform (20 x 30 cm) legen (Bild 2). Im Backofen (Mitte, Umluft 120°) 10 Minuten garen.

5 Das restliche Mangofruchtfleisch in schmale Spalten schneiden. Übrigen Zucker in einer Pfanne hellbraun karamellisieren. Die Mangospalten und 2 EL Zitronensaft hinzufügen und 5 Minuten köcheln lassen. Den Rum in die Pfanne gießen und vorsichtig flambieren. Die Crêpes auf Teller verteilen und die Mangospalten darauf anrichten (Bild 3).

### KINDER-VARIANTE

**Wenn Kinder mit am Tisch sitzen, besser nicht flambieren, sondern die Mangospalten mit 50 ml Orangensaft ablöschen und auf den Crêpes anrichten.**

1

2

3

weihnachtlicher Klassiker

## Bratapfel

Fett für die Form
4 säuerliche Äpfel (z. B. Boskop)
40 g Walnusskerne
30 g Butter
50 g Dampfmohn
100 g Marzipanrohmasse
1 EL Zucker
1 Msp. Zimtpulver
60 ml Sherry (medium; nach Belieben)

Für 4 Personen
15 Min. Zubereitung | 35 Min. Garen
Pro Portion ca. 400 kcal, 36 g EW, 25 g F, 35 g KH

1 Den Backofen auf 180° vorheizen. Eine Auflaufform (25 x 25 cm) einfetten. Die Äpfel waschen und abtrocknen und die Kerngehäuse ausstechen.

2 Die Walnüsse grob hacken. Mit Butter, Mohn, Marzipan, Zucker und Zimt verkneten. Die Äpfel mit der Mohn-Marzipan-Masse füllen und rundherum ca. fünfmal ½ cm tief einschneiden.

3 Die Äpfel in die Form setzen und im heißen Backofen (Mitte, Umluft 160°) ca. 35 Minuten garen. Die fertigen Bratäpfel aus dem Ofen nehmen, nach Belieben noch heiß mit dem Sherry beträufeln und sofort servieren. Dazu passt Vanillesauce (Innenklappe hinten oder Fertigprodukt).

### VARIANTE – BRATAPFEL MIT GORGONZOLAFÜLLUNG

**Bratäpfel schmecken auch deftig gefüllt, z. B. mit einer Füllung aus 100 g Gorgonzola, je 40 g gehackten Walnüssen und Speckwürfeln und 1 gehackten Schalotte.**

edel | raffiniert gewürzt

## Glühweinbirne

4 Birnen
½ l trockener Rotwein
200 g brauner Zucker
2 Streifen Bio-Orangenschale
1 EL Zitronensaft
½ Zimtstange
1 ausgekratzte Vanilleschote
1 Gewürznelke
1 Zacken Sternanis
40 ml brauner Rum (54%)
4 Kugeln Vanilleeis (Fertigprodukt)

Für 4 Personen
35 Min. Zubereitung | mind. 12 Std. Ziehen
Pro Portion ca. 515 kcal, 0 g EW, 6 g F, 72 g KH

1 Am Vortag die Birnen schälen ohne den Stiel zu entfernen. Nach Belieben das Kerngehäuse von unten mit einem Kugelausstecher entfernen.

2 Den Wein mit dem Zucker, der Orangenschale, dem Zitronensaft und den Gewürzen aufkochen. Die Birnen in den Rotwein legen und bei schwacher Hitze 8–10 Minuten weich kochen. Vom Herd nehmen, den Rum dazugießen und zugedeckt über Nacht ziehen lassen, damit die Birnen auch innen durch und durch rot sind.

3 Am nächsten Tag die Birnen herausnehmen, den Sud durch ein Sieb gießen und anschließend bei starker Hitze in ca. 10 Minuten zu einem leicht dicklichen Sirup einkochen. Einen Spiegel aus Glühweinsirup auf vier Dessertteller verteilen, die Birnen und je 1 Kugel Vanilleeis darauf anrichten. Wer mag, garniert noch mit etwas Schokoladensauce.



oben: Bratapfel | unten: Glühweinbirne

# Birnen-Cranberry-Crumble

*Eine herrliche Alternative zum Kuchen: Wer gerne knusprige Streusel und eine raffinierte süßsäuerliche Fruchtmischung mag, kommt hier voll auf seine Kosten.*

Fett für die Form | 1 Bio-Zitrone | 600 g Birnen | 80 getrocknete Cranberrys | 110 g Zucker | Zimtpulver | 60 g Walnusskerne | 100 g Butter | 150 g Mehl | Salz

Für 4 Personen
15 Min. Zubereitung | ca. 30 Min. Backen
Pro Portion ca. 665 kcal, 7 g EW, 33 g F, 83 g KH

1 Den Backofen auf 200° vorheizen. Eine Auflaufform (ca. 20 x 30 cm) einfetten. Die Zitrone heiß waschen, trocken reiben, die Schale abreiben und den Saft auspressen. Die Birnen schälen, halbieren, das Kerngehäuse entfernen und die Hälften klein würfeln. Mit den Cranberrys, der Zitronenschale, 1 EL Zitronensaft, 40 g Zucker und 1 Prise Zimt in die Form geben und gut mischen.

2 Für die Streusel die Walnüsse grob hacken. Die Butter in einem Topf bei schwacher Hitze schmelzen. Mehl, Walnüsse, restlichen Zucker und 1 Prise Salz dazugeben und mit einem Holzlöffel zu einem bröseligen Teig rühren.

3 Die Streusel auf der Obstmischung verteilen und den Crumble im heißen Backofen (Mitte, Umluft 180°) ca. 30 Minuten backen, bis die Streusel leicht gebräunt sind. Den Crumble aus dem Ofen nehmen, etwas abkühlen lassen und servieren.

### AUSTAUSCH-TIPP

Ganz klassisch ist der Apple Crumble, dafür statt Birne und Cranberrys einfach 700 g säuerliche Äpfel (z. B. Boskop) und 10 g mehr Zucker verwenden. Wer mag, ersetzt die Walnüsse durch Haferflocken oder gehackte ungesalzene Erdnüsse.

amerikanischer Klassiker | Seelenwärmer

# Beeren-Kokos-Cobbler

*Was den Briten der Crumble, ist den Amerikanern der Cobbler: Dieser süße Auflauf besticht allerdings durch einen saftigen Teig mit feinem Kokosaroma.*

Fett für die Form | 150 g Mehl | 2 TL Backpulver | 50 g Kokosflocken | 110 g Zucker | 1/4 TL Salz | abgeriebene Schale von 1 Bio-Zitrone | 90 g Butter | 100 g Sahne | 300 g TK-Waldbeeren | 300 g TK-Himbeeren | 2 EL Speisestärke | 1 Tütchen Bourbon-Vanillezucker

Für 4 Personen
10 Min. Zubereitung | 30 Min. Backen
Pro Portion ca. 630 kcal, 6 g EW, 31 g F, 82 g KH

1 Den Backofen auf 200° vorheizen. Eine Auflaufform (ca. 20 x 30 cm) einfetten. Für den Teig Mehl, Backpulver, Kokosflocken, 50 g Zucker, Salz und Zitronenschale in einer Schüssel mischen. Die Butter in kleine Stücke schneiden und unterkneten. Die Sahne dazugeben und rasch zu einem klebrigen Teig verarbeiten.

2 Die Beeren mit der Speisestärke in der Form mischen. Restlichen Zucker und Vanillezucker gleichmäßig darüberstreuen. Den Teig in Stücke zupfen und leicht flach drücken, unregelmäßig auf den Beeren verteilen.

3 Im heißen Backofen (Mitte, Umluft 180°) ca. 30 Minuten backen, bis der Teig gut gebräunt ist und die Beeren leicht verkocht sind. Den Cobbler aus dem Ofen nehmen und etwas abkühlen lassen. Nach Belieben warm oder kalt servieren.

### AROMA-TIPP

Wer noch etwas mehr Kokosaroma mag, mischt noch 2 EL Kokoslikör unter den Teig. Zum Cobbler passen hervorragend eine Kugel Vanilleeis oder Vanillesauce (Innenklappe hinten oder Fertigprodukt).

süßer Verführer | für Naschkatzen

# Topfen-Kirsch-Knödel mit Nugatsauce

*Die feinen Mehlspeisen sind Österreichs schönstes Erbe aus Zeiten der glanzvollen k.u.k. Monarchie. Diese Knödel sind der beste Beweis dafür.*

**Für die Knödel:**
200 g Magerquark
30 g Zucker
1 Ei
1 Eigelb
100 g Weichweizengrieß
150 g Mehl
2 EL flüssige Butter
Mark von ½ Vanilleschote
Salz
1 kleines Glas Schattenmorellen (Abtropfgewicht ca. 180 g)
**Für die Sauce:**
50 ml Milch
150 g Nussnugat
Salz
40 ml Irish Cream Likör (z. B. Bailey's; nach Belieben)
**Für die Brösel:**
30 g Butter
30 g Paniermehl
20 g Kokosflocken
40 g Zucker
1 Msp. Zimtpulver

Für 4 Personen
40 Min. Zubereitung | 2 Std. Ruhen
Pro Portion ca. 740 kcal, 20 g EW, 24 g F, 109 g KH

1 Für den Knödelteig den Quark abtropfen lassen und in einer Schüssel mit Zucker, Ei, Eigelb, Grieß, Mehl, Butter, Vanillemark und 1 Prise Salz glatt rühren. Den Teig 2 Stunden kühl stellen.

2 Die Kirschen abtropfen lassen. Den Teig mit angefeuchteten Händen in 12 gleich große Portionen teilen und zu flachen Kreisen formen. Je 3 Kirschen in die Mitte geben, gut mit Teig umschließen und zu gleichmäßigen Kugeln formen (Bild 1).

3 Die Knödel in reichlich siedendem Salzwasser ca. 15 Minuten zugedeckt gar ziehen lassen, bis sie an der Oberfläche schwimmen (Bild 2).

4 Inzwischen für die Sauce die Milch erwärmen. Den Nugat würfeln, dazugeben, schmelzen und alles glatt rühren. Mit 1 Prise Salz abschmecken, die restlichen Kirschen dazugeben und nach Belieben den Irish Cream Likör unterrühren.

5 Für die süßen Brösel die Butter in einer Pfanne erhitzen. Darin Paniermehl und Kokosflocken mit Zucker und Zimt goldbraun rösten.

6 Die Knödel herausheben und kurz abtropfen lassen. Auf vier Dessertteller jeweils einen Saucenspiegel verteilen. Knödel in den Bröseln wenden und auf dem Saucenspiegel anrichten (Bild 3).

## VARIANTE – FRUCHTIGE FÜLLUNGEN

**Wer mag, kann statt Kirschen auch andere Früchte als Füllung für die Topfenknödel verwenden. Dafür eignen sich tiefgefrorene oder frische Himbeeren oder Brombeeren, kleine Aprikosenhälften aus der Dose oder, etwas exotischer, frische Physalis.**

1

2

3

Genuss aus dem Glas | trendy

# Mini-Käsekuchen mit Baiserhaube

*Süße Käsecreme, fruchtige Blaubeeren und luftig leichter Baiser sind einfach ein traumhaftes Trio und haben gemeinsam das Zeug zum Klassiker.*

**Für den Teig:**
50 g Butter
70 g Mehl
40 g Zucker
Salz

**Außerdem:**
2 Eier
350 g Frischkäse (Doppelrahmstufe)
2 EL Speisestärke
1 Tütchen Bourbon-Vanillezucker
80 g Zucker
abgeriebene Schale von 1 Bio-Zitrone
4 EL TK-Blaubeeren
einige Spritzer Zitronensaft
4 ofenfeste Gläser (à ca. 300 ml)

Für 4 Personen
25 Min. Zubereitung | ca. 40 Min. Backen
2 ½ Std. Kühlen
Pro Portion ca. 460 kcal, 17 g EW, 20 g F, 53 g KH

1 Den Backofen auf 180° vorheizen. Für den Teig die Butter in einem Topf schmelzen. Mehl, Zucker und 1 Prise Salz dazugeben und mit einem Holzlöffel verrühren. Die Gläser einfetten. Den Teig auf die Gläser verteilen und etwas andrücken, dabei einen kleinen Rand formen.

2 Für die Käsecreme die Eier trennen, die Eiweiße zugedeckt kühl stellen. Frischkäse, Eigelbe, Speisestärke, Vanillezucker, 60 g Zucker und Zitronenschale verrühren. Die Blaubeeren auf den Teig verteilen, mit der Creme bedecken. Die Küchlein im heißen Backofen (Mitte, Umluft 160°) 30 Minuten backen, bis sie leicht gebräunt sind.

3 Die Küchlein aus dem Ofen nehmen, vollständig abkühlen lassen und mind. 2 Stunden kühl stellen.

4 Für die Baiserhaube den Backofen auf 220° vorheizen. Die Eiweiße zu halbsteifem Schnee schlagen. Den restlichen Zucker hinzufügen und sehr steif schlagen, den Zitronensaft unterschlagen. Den Eischnee wölkchenförmig auf den Küchlein verteilen. Im heißen Backofen (Mitte, Umluft 200°) 7–8 Minuten goldbraun backen. Herausnehmen, kurz abkühlen lassen und servieren.

## VARIANTEN

Der Käsekuchen schmeckt auch mit anderen Früchten, z. B. Brombeeren, Himbeeren oder Kirschen – egal, ob tiefgefroren, aus dem Glas oder frisch. Früchte aus dem Glas sollten aber gut abtropfen, frische Kirschen entsteint werden. Jeweils einige Früchte auf dem Teig verteilen und wie beschrieben fortfahren. Eine schöne Frühlingsversion ist Rhabarber-Käsekuchen. Dafür eine kleine Stange Rhabarber waschen, schälen und in ca. 1 cm große Stücke schneiden. 100 ml Wasser mit 30 g Zucker aufkochen. Den Rhabarber darin 1 Minute dünsten, in ein Sieb abgießen und abtropfen lassen. Den Rhabarber auf dem Teig verteilen und die Rhabarber-Küchlein wie beschrieben zubereiten.

**Zum Gebrauch**
Damit Sie Rezepte mit bestimmten Zutaten noch schneller finden können, stehen in diesem Register zusätzlich auch beliebte Zutaten wie **Schokolade** oder **Beeren** – ebenfalls alphabetisch geordnet und **hervorgehoben** – über den entsprechenden Rezepten.

## Unsere Garantie

Alle Informationen in diesem Ratgeber sind sorgfältig und gewissenhaft geprüft. Sollte dennoch einmal ein Fehler enthalten sein, schicken Sie uns das Buch mit dem entsprechenden Hinweis an unseren Leserservice zurück. Wir tauschen Ihnen den GU-Ratgeber gegen einen anderen zum gleichen oder ähnlichen Thema um.

---

## Liebe Leserin und lieber Leser,

wir freuen uns, dass Sie sich für ein GU-Buch entschieden haben. Mit Ihrem Kauf setzen Sie auf die Qualität, Kompetenz und Aktualität unserer Ratgeber. Dafür sagen wir Danke! Wir wollen als führender Ratgeberverlag noch besser werden. Daher ist uns Ihre Meinung wichtig. Bitte senden Sie uns Ihre Anregungen, Ihre Kritik oder Ihr Lob zu unseren Büchern. Haben Sie Fragen oder benötigen Sie weiteren Rat zum Thema? Wir freuen uns auf Ihre Nachricht!

**Wir sind für Sie da!**
Montag – Donnerstag: 8.00 – 18.00 Uhr;
Freitag: 8.00 – 16.00 Uhr
Tel.: 0180 - 5 00 50 54*
Fax: 0180 - 5 01 20 54*
E-Mail:
leserservice@graefe-und-unzer.de

*(0,14 €/Min. aus dem dt. Festnetz/ Mobilfunkpreise maximal 0,42 €/Min.)

**P.S.:** Wollen Sie noch mehr Aktuelles von GU wissen, dann abonnieren Sie doch unseren kostenlosen GU-Online-Newsletter und/oder unsere kostenlosen Kundenmagazine.

**GRÄFE UND UNZER VERLAG**
Leserservice
Postfach 86 03 13
81630 München



**Projektleitung:** Anne-Sophie Zähringer
**Lektorat:** Margarethe Brunner
**Korrektorat:** Mischa Gallé
**Layout, Typografie und Umschlaggestaltung:** independent Medien-Design, Horst Moser, München
**Satz:** Liebl Satz+Grafik, Emmering
**Herstellung:** Christine Mahnecke
**Reproduktion:** Repro Ludwig, Zell am See
**Druck:** Firmengruppe APPL, aprinta druck, Wemding
**Bindung:** Firmengruppe APPL, sellier druck, Freising
**Syndication:** www.jalag-syndication.de
ISBN 978-3-8338-2523-1
1. Auflage 2012

### Umwelthinweis

Dieses Buch ist auf PEFC-zertifiziertem Papier aus nachhaltiger Waldwirtschaft gedruckt.

GRÄFE UND UNZER

*Ein Unternehmen der*
GANSKE VERLAGSGRUPPE

## Der Autor

**Martin Kintrup** hat seine Lust am Kochen, Essen und Genießen zum Beruf gemacht: Als Redakteur und Autor arbeitet er für mehrere Verlage und hat an zahlreichen, zum Teil preisgekrönten Kochbüchern mitgewirkt. In diesem Buch zeigt Martin Kintrup seine süße Seite und stellt Desserts vor, die garantiert jeden Süßschnabel schwach werden lassen.

## Der Fotograf

**Jörn Rynio** zählt zu seinen Auftraggebern internationale Zeitschriften, namhafte Buchverlage und Werbeagenturen. Mit einer großen Portion Kreativität und appetitanregendem Styling setzt der Hamburger Fotograf Food-Spezialitäten aus aller Welt stimmungsvoll in Szene. Tatkräftig unterstützt wird er dabei von seinen beiden Stylistinnen Petra Speckmann (Food) und Michaela Suchy (Requisite).

## Bildnachweis

Titelfoto: EISING STUDIO · Food Photo & Video/Martina Görlach; alle anderen: Jörn Rynio, Hamburg

## Titelbildrezepte

Mousse au chocolat, Seite 23; Pfeffer-Ananas mit Joghurtnocken, Seite 35, hier mit karamellisierten Mandarinenspalten

**Die Temperaturangaben** bei Gasherden variieren von Hersteller zu Hersteller. Welche Stufe Ihres Herdes der jeweils angegebenen Temperatur entspricht, entnehmen Sie bitte der Gebrauchsanweisung. Bei Elektroherden können die Backzeiten je nach Herd variieren.

# Appetit auf mehr?

ISBN 978-3-8338-1944-5

ISBN 978-3-8338-1431-0

ISBN 978-3-8338-1824-0

ISBN 978-3-8338-0318-5

ISBN 978-3-8338-2389-3

ISBN 978-3-8338-1430-3

**www.gu.de:** Blättern Sie in unseren Büchern, entdecken Sie wertvolle Hintergrundinformationen sowie unsere Neuerscheinungen.

GU

Willkommen im Leben.

# Ganz easy **dekorieren**

1

2

3

*Mit ein paar Tricks wird aus einem leckeren Dessert ein echter Hingucker. Und weil das Auge mitisst, wird die Lust auf Nachtisch dadurch garantiert noch größer.*

## Bilder aus Schokolade und Fruchtmark

Kuvertüre im Wasserbad schmelzen, in einen Spritzbeutel mit feiner Tülle füllen und damit auf gekühlte Dessertteller die Umrisse des gewählten Motivs malen, z. B. Blüten oder Schmetterlinge. Darauf achten, dass die Kuvertüre durchgängig aufgetragen wird, damit geschlossene Flächen entstehen. Die Kuvertüre nach Belieben fest werden lassen und die Umrisse erneut mithilfe eines Spritzbeutels vorsichtig mit beliebigem, möglichst verschiedenfarbigem Fruchtmark ausfüllen (Bild 1).

## Muster aus Kakaopulver

Dafür eine Schablone (wie Löffel, Stern, Herz etc.) wählen oder aus Pappe ausschneiden. Kakaopulver in ein Teesieb füllen und die Schablone damit dünn bestäuben, Schablone vorsichtig entfernen (Bild 2). Auf dunklen Tellern Puderzucker verwenden.

## Schokofrüchte

Kuvertüre im Wasserbad (Seite 6) schmelzen. Von Physalis die Hüllblätter vorsichtig nach hinten klappen. Die Früchte in die flüssige Kuvertüre tauchen. Anschließend auf einem Kuchengitter abkühlen lassen, bis die Kuvertüre wieder fest ist. Erdbeeren und Kirschen mit Stiel vor dem Eintauchen waschen und trocken tupfen. Nach Belieben die Früchte noch in bunten Zuckerperlen, Haselnusskrokant oder Kokosflocken wenden und auf Butterbrotpapier trocknen lassen (Bild 3).

## Obstmotive

Mit kleinen Plätzchenformen aus Mango-, Apfel-, oder Melonenscheiben Motive ausstechen, z. B. Sterne oder Herzen. Das Obst nach Bedarf mit Zitronensaft beträufeln, damit es nicht braun wird.

## Gezuckerte Beeren

Sie garnieren Mousse, Panna cotta und Co. Dafür Johannisbeeren oder Blaubeeren waschen, abtropfen lassen und noch feucht in Zucker wenden. Für mehr Halt die Beeren erst in Eiweiß, dann in Zucker wenden und auf einem Gitter 2 Stunden trocknen lassen – dann aber innerhalb eines Tages verzehren!